REGRETS

SUR LA MORT PRÉMATURÉE

DE S. A. R. MONSEIGNEUR

LE DUC D'ORLÉANS,

PAR

M. N. S. GUILLON, ÉVÊQUE DE MAROC,

AUMONIER DE SA MAJESTÉ LA REINE DES FRANÇAIS,

NOUVELLE ÉDITION

REVUE ET AUGMENTÉE.

PARIS.

ALLOUARD, LIBRAIRE,	FÉRET, LIBRAIRE,
QUAI VOLTAIRE, 21.	GALERIE NEMOURS, 25.

1842.

PARIS, IMPRIMERIE DE J. DELALAIN.

REGRETS

SUR LA MORT PRÉMATURÉE

DE S. A. R. MONSEIGNEUR

LE DUC D'ORLÉANS.

—⋅◆⋅—

> *Plangent eum planctu quasi super uni-*
> *genitum, et dolebunt super eum, ut doleri*
> *solet in morte primogeniti.*
>
> On le pleurera comme on pleurerait un fils
> unique ; on le pleurera comme on a coutume de
> pleurer un fils premier-né.　　Zach. xii, 10.

Un de nos saints docteurs, le célèbre solitaire de
Bethléem, apprenant la mort d'un jeune homme du
plus excellent naturel et de la plus heureuse espérance,
expiré à la fleur de son âge, s'était écrié : « Autrefois
« c'étaient les enfants qui venaient faire à la tribune
« l'éloge de leurs pères en présence de leurs dépouilles
« mortelles et faire entendre les lugubres cantiques. Au-
« jourd'hui l'ordre des choses est interverti, et par un
« funeste échange, la nature s'est écartée de son cours
« ordinaire. Le tribut que la jeunesse devait à nos che-
« veux blancs, c'est nous qui le payons à la jeunesse (1). »
Et aussitôt d'abondantes larmes tombent de ses yeux.
Ce jeune homme qu'il aimait tant à appeler son fils,

____

(1) S. Jérôme dans notre Biblioth. des Pères, t. xx, p. 247.

dont il avait dirigé les premiers pas dans la carrière de la vie chrétienne : « Il nous a abandonnés, nous sur « le déclin de la vie, en proie aux regrets et plongés « à jamais dans la plus amère affliction ! »

Transporté par la pensée près du lit funèbre où s'est exhalé son dernier soupir, Jérôme voit à l'entour la consternation, l'effroi, la pitié répandus dans tous les cœurs ; une famille désolée confondant ses pleurs et ses prières, abîmée dans le sentiment de la perte qu'elle vient de faire. Il emprunte au prophète ses plus pathétiques accents pour retracer cette scène lamentable : *On le pleurera comme on pleurerait un fils unique, comme on a coutume de pleurer un fils premier-né.* « Plangent eum, etc. » Afin de soulager sa propre douleur, le vieillard cède au besoin de parler de celui qu'il a tant aimé. Parce qu'il ne lui est plus possible de contempler ces traits chéris où la noblesse s'alliait à la douceur, où se peignait si bien une âme ornée de toutes les vertus, il recherche les traces de son passage sur la terre ; il s'empresse d'adresser aux parents de l'infortuné jeune homme l'hymne funèbre échappé de son cœur ; heureux de reproduire sous leurs yeux, sinon un portrait fidèle, du moins une faible esquisse, dût-il aigrir encore leur douleur en s'abandonnant à la sienne. À tous moments ses sanglots interrompent son récit ; son esprit accablé demeure sans force ; un voile épais s'est appesanti sur ses yeux.

- Et moi aussi je m'efforcerai de rendre ce pieux devoir à la mémoire du prince vraiment accompli que nous avons perdu. Je viens mêler ma faible voix à ce concert de louanges qui retentissent autour de son tombeau. Mais comment, hélas ! envisager ce tombeau,

sans que tous les souvenirs ne se reportent sur une autre victime, non moins regrettable, enlevée comme
celle-ci dans la première fleur de la jeunesse? Leurs
cendres réunies dans un même sanctuaire pour ne se
séparer jamais, nous restent seules pour nous rappeler
à jamais la double calamité qui les a ravis à notre ad-
miration et à nos espérances. Où trouver des paroles
pour déplorer des pertes aussi lamentables? L'excès
de la douleur refuse à mes paupières que l'âge a dessé-
chées les pleurs qui en soulageraient l'amertume, et
ne me laisse que des gémissements et des sanglots. Qu'ils
éclatent du moins, et nous tiennent lieu d'éloquence ;
qu'ils se mêlent confusément aux ardentes prières que
dans ce jour de deuil nous adressons au Dieu des miséricordes pour les morts et pour les vivants. Vous en-
tendrez le cri de ma douleur, ô vous l'orgueil et la joie
de ma vieillesse, vous que j'eus l'honneur d'initier
dans la connaissance de nos vérités saintes, enfants
augustes et chers que j'introduisis pour la première fois
à l'autel eucharistique, et qui ne l'avez jamais oublié.
Et vous aussi leurs bien-aimés parents, éprouvés par
la plus cruelle des infortunes pour le cœur d'un père,
d'une mère, vous ne dédaignerez pas cet humble tribut
que je viens déposer aux pieds d'une tombe chérie.
La religion est l'amie des malheureux ; seule elle a des
consolations pour toutes les infortunes ; et ce n'est
véritablement qu'aux pieds de ses autels que nous pou-
vons nous plaindre à Dieu de Dieu lui-même, quand
il nous frappe.

Il y a peu de jours, il se faisait voir à nous, ce premier-né d'une famille comblée de toutes les prospérités

humaines ; fils, époux, père, à qui rien ne restait à désirer sur cette terre, l'héritier du premier trône de l'univers, prince vraiment digne de ses hautes destinées, l'orgueil de sa royale famille, l'exemple et la gloire de nos armées françaises, l'espérance d'une nation régénérée par le génie du monarque qui la gouverne. Il se montrait à nos regards environné de tout ce qui semble promettre la vie la plus longue et la plus heureuse : la force de la jeunesse, l'éclat de la santé, la vigueur d'une constitution exercée par une éducation mâle, toute populaire, par l'habitude du travail et les pénibles exercices des camps. Les exploits du héros avaient préludé à la sagesse du prince fait pour régner sur un grand empire. On ne se lassait pas de contempler ces traits qu'embellissait le charme de l'affabilité et de la bienveillance, ce front toujours serein et riant, ces yeux dont la vivacité contrastait avec la douceur et l'aménité de son langage. On se racontait, et ces brillantes campagnes d'Anvers et de l'Algérie, signalées par tant de beaux faits d'armes dignes des temps antiques, où l'on vit les fils du roi des Français retraçant les journées de Jemmapes et de Fleurus, rivaux de gloire, prodigues de leur vie, partager les fatigues et les dangers du soldat, braver avec lui le feu des batteries ennemies, donner par leur exemple les plus nobles leçons à ceux qui commandent et à ceux qui obéissent ; et ces courses aventureuses, non moins fécondes en périls, qui, plus d'une fois, effrayèrent les plus intrépides courages ; on se redisait à l'envi ces fêtes domestiques où le bon goût s'assortissait si bien à la magnificence, sources fécondes pour les arts et l'émulation de la bienfaisance. On vantait surtout dans MONSEIGNEUR

LE DUC D'ORLÉANS et les vertus publiques et les vertus privées, la franchise et l'égalité du caractère, la sûreté de son commerce, la facilité et la justesse de ses réponses ; sa bonté accessible à toutes les supplications, la popularité qui ne déroge point à la dignité et qui la rend plus engageante ; la modestie jointe à une instruction si profonde et si variée, le respect pour tous les devoirs. Que de présages assurés en apparence d'une vie dont rien ne menaçait la durée et la tranquille jouissance ! Nous félicitions à l'avance notre postérité des fruits que promettait à la patrie et à la religion l'œuvre du père achevée par le fils avec une gloire nouvelle. Tels étaient les discours qui circulaient dans toutes les bouches au nom seul de MONSEIGNEUR LE DUC D'ORLÉANS, et qui s'animaient encore d'un intérêt nouveau toutes les fois qu'on le savait disposé à s'éloigner de sa royale famille et de la capitale, pour aller remplir dans quelqu'une de nos cités les devoirs qu'il s'était imposés. Nulle défiance, nulles précautions contre des hasards que l'on ne soupçonnait pas. Point de pressentiments du malheur dont nous étions menacés. Le passé nous garantissait l'avenir ; il nous suffisait d'invoquer dans nos supplications journalières le Dieu qui protège la France, le Dieu tout-puissant qui commande à la vie et à la mort, le Dieu des miséricordes dont la seule providence s'était plue à écarter de ces têtes sacrées des dangers en apparence inévitables, et qui veille à la garde de l'une d'entre elles sur l'élément des tempêtes.

MONSEIGNEUR LE DUC D'ORLÉANS annonce la visite qu'il s'apprête à faire au camp de Saint-Omer. Il veut auparavant prendre congé de chacun des membres de sa royale famille. Il ignore que les adieux qu'il va leur faire seront les derniers. S'il s'en éloigne, c'est avec la confiance de la revoir bientôt ; s'il s'est arraché des bras d'un père, d'une mère, c'est pour se retrouver sous peu de jours dans ceux d'une tendre épouse qui compte douloureusement les heures d'une absence dont elle est si loin de prévoir le triste dénouement. En se séparant de ses fils, de ses frères, il va se réunir à d'autres enfants, à d'autres frères d'armes accoutumés à chérir dans sa personne la vivante image du père commun de la patrie. Séchez, séchez vos pleurs, ô mère, ô reine incomparable ! ou plutôt réservez-les à la nouvelle affliction qui vous attend ; et cherchez à l'avance au pied de la croix de Jésus-Christ le modèle que vous aurez désormais à imiter. Percée comme Marie du glaive des douleurs, vous aurez comme elle à donner au monde le spectacle de la plus héroïque résignation. Vous cependant, heureux habitants de Saint-Omer et de Châlons, apprêtez-vous à recevoir le prince chéri qui se dirige vers votre cité ; dressez vos arcs de triomphe ; officiers et soldats, accourez tous à sa rencontre. Demain il sera sous vos tentes ; demain commenceront ces savantes évolutions qui préparent les victoires ; demain votre digne commandant, le prince royal, transmettra à son auguste père les détails d'un voyage heureux, de l'accueil reçu dans vos murs, et des nouveaux témoignages de votre dévouement à la dynastie que vous avez juré de défendre.

Il était écrit au livre des impénétrables décrets du Très-Haut qu'il n'y aurait plus pour le prince de lendemain. Qu'est-ce donc, ô mon Dieu, que la vie ? Qu'est-ce que la santé, la jeunesse, la force du tempérament, la souplesse et l'agilité des membres ? Et quelle puissance est capable d'arracher l'homme à votre redoutable main, quand vous avez arrêté le terme de ses jours ? O vanité ! ô néant ! ô mortels ignorants de leurs destinées ! nous écrierons-nous avec le grand orateur qui fit couler tant de larmes sur le linceul d'une autre princesse , de même sang , *précipitée* comme lui *dans le tombeau !* Nous le savons tous , et nous l'oublions si vite ! C'est pour nous réveiller de notre assoupissement que le ciel nous envoie de si terribles leçons. N'était-ce donc pas assez de l'illustre et jeune victime naguère enlevée à notre amour ? Fallait-il que la mort du frère vint rouvrir une blessure que le temps n'avait pas encore fermée ? Conseil de rigueur pour nous , mais aussi conseil de miséricorde pour la princesse Marie. Elle était mûre pour la récompense. Sa vie fut courte , mais complette. Courte aux yeux des hommes , mais pleine aux yeux du Seigneur. Le ciel , en la dérobant aux séductions de la vie et de la gloire humaine , l'enlevait à un monde qui n'en était pas digne. Il voulut qu'elle n'attendît pas plus longtemps dans la terre de l'exil sa part d'immortelles béatitudes que tant de bonnes œuvres lui avaient méritées. Ainsi de la mort du jeune prince , entré avant le temps *dans la maison de son éternité* , comme parle l'Écriture. Il y est entré sous l'escorte de la religion , muni de l'onction sainte mêlée au sang purificateur qui lave les péchés du monde. La grâce et les mérites infinis du Dieu sauveur ont suppléé à ce qui lui manquait et qu'il n'a pu obtenir. Ce ne sont pas les morts qu'il faut plaindre , mais ceux qui leur survivent. Ah ! puisque nous étions condamnés à le perdre , et que le ciel en avait ainsi ordonné , remercions-le du moins de l'avoir affranchi des angoisses du dernier moment ; et sachons profiter du salutaire avertissement que nous donne cette nouvelle expérience, en nous écriant avec l'Ecriture : « Grand Dieu ! vous n'aviez « placé si haut nos espérances que pour les briser « par une chute plus précipitée, et nous faire sen- « tir enfin par le coup le plus violent combien tout « ici-bas est vanité ! *Vanitas vanitatum et omnia va-* « *nitas.* »

Quelle était notre sécurité ! comme nous reposions délicieusement à l'ombre de notre bonheur présent et de nos futures espérances, lorsque tout à coup ce cri déchirant est venu frapper nos oreilles : MONSEIGNEUR LE DUC D'ORLÉANS est mort ! Et pareille à la foudre qui perce la nue et éclate avec fracas, la nouvelle, portée dans l'habitation de la royale famille, a retenti par toute la capitale, qu'elle a remplie en un moment de deuil et de consternation. Les fêtes et les plaisirs, toutes les distractions du siècle, sont suspendues. On reste saisi, muet, immobile. Avant même d'avoir la confirmation de la catastrophe, tous les cœurs sont comprimés par les plus vives émotions et les plus sinistres pressenti-ments. Paris n'est plus tout entier qu'une famille trem-blante sur le sort d'un fils premier-né, jamais plus cher qu'au moment où l'on craint de le perdre. On se refuse de croire à la réalité. — Peut-être on s'exa-gère son malheur ; peut-être le prince n'est que blessé ; et l'art a des ressources fécondes en miracles. Dieu tout-puissant, près de qui toute la science des hommes est vaine, commandez à la mort de suspendre sa faulx meurtrière. Vous de qui la simple parole rap-pela Lazare du tombeau, et rendit le fils de la veuve de Naïm à sa mère suppliante, exaucez les vœux de tout un peuple ; voyez les larmes d'un père, d'une mère, dont la fidélité à votre service vous est si bien connue. Vœux superflus ! MONSEIGNEUR LE DUC D'ORLÉANS est mort. Le monde tout entier s'est évanoui pour lui ; et, entre les jouissances accumulées de la vie et les horreurs du trépas, il n'y a eu d'intervalle que le dernier soupir. Mort tout vivant ! sans avoir pu proférer une parole ! On accourt, on se précipite vers le théâtre du funeste événement, on s'interroge sur les causes qui l'ont provoqué ; personne qui puisse l'apprendre. Tout ce que l'on sait, c'est que l'aimable prince est mort. Mort à quelque distance de la royale résidence qu'un moment auparavant il embellissait encore de sa présence. Elle s'est changée soudain en une triste solitude. Et le père, et la mère, et la tante, les frères, la sœur de l'infortuné prince, tous se sont élancés à la fois vers la couche funèbre où fut déposé le corps expirant. Où courez-vous, famille malheureuse ! n'est-ce pas assez de boire le calice, sans en épuiser la lie ? Quel spectacle affreux ! quelle scène déchirante ! Une tête ensanglantée, ces mains, ces pieds glacés, immobiles, pour ne se ranimer qu'au jour de la résurrection générale ; ce front pâle, ces yeux éteints, ces membres mutilés, engourdis par le froid de la mort ! Non, le prophète de qui les accents lamentables égalèrent les plus extrêmes calamités, n'entreprendrait pas d'exprimer la tribulation, qui, comme une mer en furie, accable de tout son poids ces cœurs si sensibles, si aimants, et semble leur dérober le sentiment et la vie : *Magna est sicut mare contritio tua.* Debout, immobile près du lit de mort, l'auguste père de la victime con-

temple dans un morne silence les progrès de la morta-
lité ; on dirait que c'est lui qui a été frappé ; tandis que
l'infortunée mère, prosternée, gisante à ses pieds, mêle
ses larmes au sang qui s'échappe de la blessure. Un
moment elle a cru réchauffer par ses embrassements le
corps inanimé de ce fils qu'elle a tant chéri. Espoir
trompeur ! stériles embrassements, qui lui font sentir
de plus près ce corps glacé qui se roidit, et ce dernier
souffle qui s'exhale ! « Mère désolée ! elle serrait étroite-
« ment ses bras entrelacés, et déjà elle avait perdu celui
« qu'elle tenait encore. » Dans un seul trépas se rassemble
tout ce que les autres peuvent renfermer d'afflictions ;
et, pour appliquer ici le mot d'un ancien : Tous croient
assister à leurs propres funérailles : *sua omnes funera
dolent.* Que s'il fallait une victime à la rigueur du
ciel, des milliers de Français s'offraient à sa place. Famille
inconsolable ! quels lieux habitera-t-elle désormais où
ne se rencontre le spectre de la mort siégeant sur le
seuil ? Comment revoir ces palais magnifiques dont
Monseigneur le duc d'Orléans faisait l'un des plus
beaux ornements ; ces royales demeures où l'héritier
du trône apprenait des leçons et des exemples de son
auguste père le grand art de régner et de rendre à son
tour heureux les peuples que la Providence lui desti-
nait ? Encore, quels nouveaux chocs leur prépare le re-
tour de cette tendre épouse, à qui il n'a pas été donné
de fermer sa paupière ; de ses jeunes enfants redeman-
dant leur père ; d'une sœur à qui les charmes d'une
couronne n'ont pu faire oublier un instant les délices du
toit paternel ; de ces frères, qui, de près ou de loin,
mettaient leur étude à lui ressembler !

Si pourtant quelque consolation peut adoucir le regret d'une perte aussi amère , c'est de penser combien elle a été profondément sentie. La France entière s'est associée au deuil de la royale famille : les villes et les campagnes , les provinces les plus reculées, se sont émues. Ministres des autels , citoyens de tout rang et de tout âge , ont fait retentir leurs gémissements et leurs prières. Les guerriers les plus endurcis par le spectacle journalier de la mort qu'ils bravent sur les champs de bataille , n'ont pas attendu que les ordres de l'autorité commandassent leurs regrets. Ainsi qu'autrefois Germanicus, MONSEIGNEUR LE DUC D'ORLÉANS est pleuré des nations étrangères qu'il visita , soit en vainqueur, soit en ami. Et avant que la voix de nos orateurs sacrés ou profanes n'ait payé à la cendre de l'illustre mort le tribut d'éloges que la patrie et la religion réclament en son honneur, déjà la plus éloquente oraison funèbre a été décernée à sa mémoire par la douleur universelle.

Mais quel surcroît de consolations plus douces et plus solides encore ne nous donne pas l'espérance qui se fonde sur l'infinie miséricorde du Dieu qui nous a lui-même ordonné de l'appeler notre Père ; et ne sommes-nous pas toujours ses enfants !

En donnant de si justes larmes à ce que nous avons perdu, pourrions-nous oublier aussi ce qui nous reste ? Et n'y aurait-il pas de notre part une réelle ingratitude envers la divine Providence, si nous nous abandonnions à l'excès d'une incurable affliction ! Grâces à son infinie bonté, il nous reste un monarque capable seul de réparer nos pertes. Il lui reste à lui-même d'autres fils non moins dignes de lui, qui croissent autour du trône , rejetons multipliés d'une tige florissante. Bienfaisant espoir ! Auguste enfant, qui déjà nous rendez

Monseigneur le duc d'Orléans, vous réaliserez ce qu'un nom si cher promettait à la France ; vous ressemblerez à votre père par ses vertus, par son amour pour son pays, comme vous lui ressemblez par les grâces.

Français, calmons nos inquiétudes d'avenir. Dieu protége la France. Chrétiens ! modérons les transports de l'affliction où nous a jetés une aussi dure séparation. Cette séparation est bornée aux limites étroites du temps. Elle aura son terme dans les jours de l'éternité. Précieux et vivifiant remède à opposer à toutes les souffrances de la terre, que la pensée de l'immortalité ! comme s'exprimait un de nos plus vénérables pontifes en présence d'une tombe chérie : *Pulchrum immortalitatis medicamentum.* Sublime prérogative de notre foi chrétienne ! En même temps que d'une main elle déploie par-dessus nos têtes le drapeau de la mort pour nous avertir du vide de nos affections humaines, de l'autre main aussi elle étale à nos regards l'étendard de la résurrection par lequel Jésus-Christ lui-même a triomphé de la mort pour racheter les péchés des hommes et nous ouvrir les portes de la cité céleste. Des ruines de ce corps abattu, dégradé par la mort, s'est donc échappée une âme immortelle. Notre prince n'est donc pas mort, il n'est que séparé de nous pour un voyage où bientôt nous irons le rejoindre. Consolez-vous, ô mère ! ô épouse ! ô sœurs noyées dans vos larmes ! non, votre fils, votre époux, votre frère n'est pas mort. Le sépulcre n'a pas anéanti dans le souvenir des hommes, bien moins encore dans le souvenir de Dieu, les vertus que nous avons admirées, et dont la source est dans le Dieu principe unique de tout bien et de toute vertu. Celui de qui la bouche sacrée nous promet un royaume immortel, en échange d'un verre d'eau donné en son nom, le grand Dieu qui *connaît bien assurément le limon dont il nous a pétris*, ne dédaignera pas le fils respectueux et soumis, le frère affectueux et dévoué, l'époux fidèle, l'ami sûr et délicat, le bienfaiteur des pauvres, le chrétien qui aimait à se rappeler en notre présence, et toujours avec la plus vive émotion, ses engagements sacrés du jour de sa première communion, qui ne sut jamais rougir de Jésus-Christ, témoin ce jour mémorable où le premier corps de l'État l'entendit repousser une injuste prévention, et proclamer avec une éloquente énergie combien il se félicitait d'être enfant de notre Église catholique. Que si la piété conserve encore des alarmes fondées sur la justice sévère du Dieu trois fois saint : pleins de confiance dans la miséricorde infinie du Dieu sauveur, croyons bien aussi qu'elle n'est pas insensible à tant de gémissements qui l'implorent, aux supplications de toutes les églises de ce royaume, aux larmes d'une mère, d'une famille selon le cœur de Dieu, prosternée aux pieds de ses autels. A quoi bon l'Esprit-Saint nous recommanderait-il *de prier pour les morts, afin de leur obtenir la rémission de leurs péchés* (S. Matt., XII, 46), si nos prières étaient sans efficacité, si les âmes de nos proches, de nos amis n'avaient pas à réclamer de ceux qui leur ont été chers dans le monde, les seuls services qu'elles puissent en recevoir ? Échange ineffable de secours et de prières entre les habitants du ciel et ceux de la terre ! Les Bienheureux, en se dépouillant de tout ce qui est faiblesse, n'ont pas renoncé à la charité dont il est dit qu'*elle ne périra jamais*. Que le fils de Monique gémisse *et prie pour la rémission des fautes* qu'elle

avait pu commettre ; qu'il invoque pour elle les suffra-
ges de toutes les églises : son cœur et sa foi lui répondent
que sa sainte mère, parvenue au séjour de la céleste
gloire, n'a pas oublié non plus le fils qu'elle avait laissé
après elle dans la vallée des larmes. Vous aussi, pieuse
princesse Marie, vous n'avez point oublié dans le lieu
des récompenses le tendre frère que nous avons vu au
jour de vos obsèques verser tant de larmes sur le cer-
cueil d'une sœur bien-aimée, et implorer pour elle par
les plus ferventes prières les mêmes grâces qu'aujour-
d'hui nous sollicitons en sa faveur auprès du Dieu des
miséricordes. A l'exemple des Augustin, des Ambroise,
des Bernard, de toute notre vénérable antiquité, ne
cessons donc pas de lui demander qu'il veuille bien ac-
cueillir favorablement les sacrifices et les expiations
que nous lui offrons pour le repos de l'âme de Monseigneur le duc d'Orléans : et, séparés de lui durant
le voyage plus ou moins long de cette vie, méritons
d'être réunis tous ensemble avec lui dans les taberna-
cles éternels. *Ainsi soit-il.*